CONSIDÉRATIONS
POLITIQUES
SUR
L'ANGLETERRE, LA RUSSIE, LA TURQUIE, L'ESPAGNE ET L'AMÉRIQUE;
PRÉSENTÉES
AU GOUVERNEMENT ESPAGNOL.

MADRID, LE 28 SEPTEMBRE 1821.

> La prospérité d'une nation dépend de ceux qui la gouvernent.

PRIX : 1 FR. 50 CENT.

A PARIS,

CHEZ LADVOCAT, DELAUNAY, LIBRAIRES AU PALAIS-ROYAL;

ET CHEZ LES MARCHANDS DE NOUVEAUTÉS.

1825.

A PARIS, DE L'IMPRIMERIE DE FIRMIN DIDOT,
rue Jacob, n° 24.

CONSIDÉRATIONS
POLITIQUES
SUR
L'ANGLETERRE, LA RUSSIE, LA TURQUIE, L'ESPAGNE ET L'AMÉRIQUE.

Le passage du cap de Bonne-Espérance et la découverte du Nouveau-Monde ont produit de grandes révolutions. Ces deux événements ont changé ou altéré tous les systèmes politiques établis par les hommes d'état qui, jusqu'alors, avaient dirigé les intérêts des différents cabinets de l'Europe.

Les Espagnols et les Portugais ont profité les premiers de tous les avantages que présentaient ces deux grandes découvertes. Sous le règne brillant et orageux du fils de Charles-Quint, les Espagnols réunirent le Portugal à leur domination. Les richesses de l'Orient et les trésors de l'Occident, plus considérables encore, tombèrent entre leurs mains. Ils furent par le fait les maîtres du monde.

Je n'entrerai pas dans le détail des fautes qui les ont privés de ces grands avantages. Les Hollandais, et surtout les Anglais, ont élevé leur prospérité sur les débris de la grandeur espagnole.

Le nouveau royaume des Pays-Bas n'est aujourd'hui qu'une dépendance de la Grande-Bretagne. Il est ce qu'était le Portugal, avant la révolution qui vient d'ôter aux Anglais l'influence qu'ils exerçaient sur ce malheureux pays. Cette influence peut être avantageuse à la maison de Nassau et à quelques membres du cabinet de Bruxelles, mais elle est incompatible avec la prospérité et le caractère des peuples, et tôt ou tard elle sera anéantie. Les Hollandais se souviendront toujours avec orgueil que Tromb et Ruyter, la flamme à la main, poursuivirent les vaisseaux anglai jusques dans les eaux de la Tamise.

La fortune et la puissance des Anglais tiennent à deux causes : la première est le nombre et l'heureuse situation de leurs ports militaires ; la seconde consiste dans cette savante école d'hommes d'état que la constitution britannique a établie et que les débats parlementaires ont perfectionnée.

Je ne parlerai pas de l'influence qu'ont exercée sur le caractère anglais le règne de Henri VIII, celui d'Élisabeth, la mort tragique de Charles Ier, le protectorat de Cromwell, l'avènement du roi Guillaume, et le choix de Georges Ier de Brunswick, qui consolida le système constitutionnel en ratifiant le fameux *Bill of rights* qui avec la *charta magna* forment les bases sur lesquelles s'est élevé ce fantôme colossal de la grandeur britannique, dont l'ambition et l'avidité dévorante ont englouti toutes les richesses du monde.

L'administration de cet empire insulaire coûte tous les ans quatre-vingt millions de livres sterling à l'Europe et au genre humain, sans compter les immenses trésors que son commerce et son industrie arrachent à tous les peuples.

Chaque nation a le droit imprescriptible de jouir des biens et des avantages qu'elle tient de son sol ou de la nature. Si tous les gouvernements eussent été pénétrés de cette vérité, ils se seraient appliqués à donner à l'agriculture, aux arts et au commerce la direction la plus avantageuse au bien-être de leurs peuples. On n'aurait jamais vu les Hollandais, les Anglais et les Américains des États-Unis s'engraisser de leur substance. Le fameux *acte de navigation* aurait dû être généralement adopté et suivi. Cet acte passé du temps de Cromwell est la première source des prospérités de la Grande-Bretagne et de tant de guerres qui ont désolé l'humanité dans toutes les parties de la terre. Cette idée aurait besoin d'être développée, mais ce n'est pas là l'objet de cet écrit.

Les révolutions que depuis cent ans l'Europe et l'Amérique ont éprouvées dans leur système politique changeront bientôt la face du monde.

La Russie existe : elle était inconnue à nos aïeux.

La maison de Brandebourg a fondé la puissance prussienne; et, du sein des déserts de l'Amérique septentrionale, s'est élevé un peuple nouveau à qui le génie de la liberté et celui de la philosophie préparent les plus grandes destinées.

La Prusse et la Russie, conjointement avec l'Autriche, ont détruit la Pologne : les États-Unis convoitent et menacent le Mexique. L'Espagne est intéressée à étudier la politique, le caractère et les progrès de ces ambitieux républicains. Si elle parvenait à les arrêter dans leur marche, ce serait un grand service rendu au genre humain et surtout aux *races européennes*. Mais, avant de jeter mes regards sur cette partie du monde, je crois devoir m'occuper de la Russie; considérer, observer ces nouveaux conquérants, dont la fière attitude épouvante et l'Europe et l'Asie.

La Russie s'appuie au pôle : ses flancs sont gardés par les déserts de la Sibérie et de la Tartarie. Son front est hérissé d'une ligne de soldats qui en défendent l'approche; et la rudesse de son climat la met à l'abri des invasions étrangères. Elle n'a donc rien à redouter; et sa position lui rend faciles tous les genres d'agression. Aussi, s'est-elle toujours agrandie aux dépens de ses voisins; et sa population, qui du temps de Pierre-le-Grand n'était que de seize millions d'habitants, s'est tellement accrue depuis ce temps, qu'on en compte plus de trente-six aujourd'hui. La Suède, la Pologne, la Turquie et la Perse lui ont fourni tous ces moyens d'agrandissement.

Le nombre de soldats réunis sous ses drapeaux s'élève à un million : ce qui la met à même de disposer de cinq cent mille hommes qu'elle destine à vivre hors de ses frontières; car les minces revenus de cet empire ne lui permettent pas de fournir aux frais de son administration, et de solder en même temps un si grand nombre d'hommes armés. La Russie est pauvre : elle a besoin de richesses pour vivifier ses vastes possessions. Où peut-elle espérer de les trouver ? en Orient. L'Inde, la Perse et la Turquie lui offrent, sans danger, tout ce qui peut satisfaire ses désirs et flatter son ambition.

Son étroite alliance avec l'Autriche et la Prusse la rassure sur toutes les tentatives des puissances européennes, dont elle n'a rien à redouter.

Les Anglais : que peuvent-ils contre elle ? Où trouveront-ils des auxiliaires pour marcher sur la Pologne et sur Moscou ? Leur marine protégera-t-elle les murs de Delhy, d'Agra, les plaines de l'Indostan dont les habitants, fatigués de leur joug, se soulèveront dès le moment qu'ils pourront s'appuyer sur les armes, les conseils et la politique de leurs ennemis ?

Depuis le règne de Catherine II, les principes d'éducation adoptés dans les colléges qu'elle a fondés ont éclairé la noblesse russe, et il en est sorti des hommes d'état que leur sagesse et leurs lumières égalent aux plus profonds politiques de la Grande-Bretagne. Les uns et les autres connaissent trop bien leurs intérêts et leur situation respective pour chercher à se tromper mutuellement ; et si les Anglais sont instruits de la marche que prendront les Russes, ceux-ci peuvent leur dire, avec toute la franchise qu'inspire le sentiment de la force : *Oui, nous voulons planter nos aigles sur les remparts de Constantinople et sur les murs de Calcutta.*

La chaîne de postes fortifiés que les Anglais ont établie autour de l'Europe, depuis Héligoland jusques à Corfou, pouvait leur être utile du temps de la guerre contre Napoléon; mais les Russes sont hors d'atteinte : ce sont des armées qu'il faut leur opposer, et non des débarquements, des vaisseaux, et des escadres dont les pirateries fatiguent les peuples et augmentent l'éloignement qu'ils éprouvent pour ces tyrans de la mer. Ils sont partout détestés; et c'est à la haine qu'ils inspirent que l'Espagne doit l'indépendance de Buenos-Ayres et des autres parties de l'Amérique méridionale, où ils n'ont fomenté que des troubles au lieu d'y établir leur domination.

Enfin, les Anglais sont si convaincus du danger de leur situation en Orient, qu'ils ont déja envoyé des troupes aux Persans, afin de les aider à résister aux Russes; et qu'ils travaillent à organiser, en ce moment, les forces militaires de cet empire, en y établissant des fonderies de canons, de boulets, des arsenaux, et en organisant ses troupes.

C'est de Bombay que sont partis les premiers secours : ils sont arrivés à Bassora, et il est probable que, lorsque les Russes attaqueront, une armée expéditionnaire, composée d'Anglais et de Cipayes, marchera de Surate et de Bombay soit par mer, soit par terre, pour se porter au secours des Persans. Les Russes, qui ont une armée de soixante mille hommes sur les frontières de la Perse, n'ignorent pas que ces préparatifs et ces manœuvres sont dirigés contre eux (1).

---

(1) Une preuve bien évidente de la supériorité du cabinet russe sur celui de *Downing street*, c'est la conduite des Persans. Les ambassadeurs du Sophi à Londres, ceux du roi anglais à

Le czar Pierre-le-Grand s'empara de *Derbent* en 1722, et ses troupes entrèrent dans la ville de *Bachu* en 1723, toutes deux situées sur les bords de la mer Caspienne. Il évacua ces deux places quelque temps après, ainsi que les provinces de *Guilan*, de *Mazanderan* et d'*Asterabath* qui s'étaient soumises à ses armes. Mais la Russie n'était pas alors ce qu'elle est de nos jours. Ses positions sur la Baltique, aux environs du Danube et dans la Crimée, lui rendent tout facile aujourd'hui, et il n'est pas probable que la politique et les raisonnements spécieux des diplomates anglais lui fassent négliger ses avantages. Une preuve incontestable de ses dispositions et de ses projets, c'est le nombre et surtout l'emplacement de ses troupes. Cet appareil de force ne peut être détruit que par la force. Tout, jusqu'à l'opinion des peuples, est favorable à ses entreprises.

Les Turcs ne sont plus à redouter. Leur puissance est aux abois : ils assassinent lâchement dans le sein des cités ces Grecs qu'ils n'osent combattre et qu'ils ne pourront jamais dompter. Le Péloponèse et la Grande-Grèce ont déja secoué leur joug intolérable, et la Turquie Européenne est perdue pour les Ottomans.

Téhéran; les plans, les projets, les préparatifs et les espérances de la Grande-Bretagne, tout a été inutile, tout a été détruit. Les Russes ont forcé la Perse à marcher contre la Turquie, et le Sophi leur facilitera les moyens de faire la conquête de l'Indostan après la prise de Constantinople.

Cette note a été écrite quelque temps après la composition de cet ouvrage.

Les Russes auront la gloire et le bonheur de rétablir l'empire de Constantinople, et, depuis la Baltique jusqu'aux rives du Gange, la volonté de l'empereur Alexandre et la sagesse de son conseil fixeront les destinées de tant de nations.

L'alliance des Anglais avec la Turquie est une monstruosité qui choque la morale et heurte de front les opinions et les préjugés de l'Europe : elle ne saurait produire d'autres sentiments que ceux de l'indignation.

Les Anglais ne se dissimulent pas qu'ils vont perdre l'Asie. Ils ont manqué la Sicile (1) : les massacres de Palerme ont été inutiles, et l'activité du cabinet de Vienne ne leur a pas donné le temps de s'emparer de Syracuse et de protéger la ridicule constitution que lord Benthinck avait dictée au gouvernement sicilien. Ils n'ont rien à combattre aujourd'hui dans la Méditerranée, d'où la jalousie des Grecs, soutenue par les avantages que leur donneront les frégates à vapeur qui bientôt feront la force de leurs armements, chassera de ces parages toutes les escadres anglaises que les ports de Malte et de Corfou ne sauraient protéger contre la famine et contre les boulets rouges qui réduiront en cendre les vaisseaux qui oseraient tenter de sortir ou de ravitailler ces places bloquées ou assiégées.

Leur vieille marine deviendra inutile ainsi que leurs nombreux matelots, et ils seront obligés d'adopter eux-mêmes les principes de cette construction nouvelle qui

---

(1) Qu'on se rappelle les troubles de la Sicile, lorsque la révolution éclata dans le royaume de Naples.

permettra à toutes les nations de combattre à armes égales sur ce même élément qui a gémi, exclusivement et trop long-temps, sous le joug oppresseur du trident britannique.

Menacés de perdre leurs conquêtes en Orient, et bientôt forcés d'abandonner la Méditerranée où les ports qu'ils occupent leur seront onéreux et inutiles, par les conséquences que produira, indubitablement, le nouveau système de marine à vapeur ; la forteresse de Gibraltar perdra elle-même toute son importance, et les Anglais seront obligés de l'évacuer. C'est là un des moindres avantages que produira le rétablissement de l'empire des Grecs à Constantinople ; car ceux-ci, maîtres des îles et des ports de la Terre-Ferme, ne souffriront pas l'existence de forces étrangères au sein de leur domination. Leur fierté, leur intérêt, les souvenirs de leur gloire passée, l'ivresse de leurs succès présents, ranimeront l'énergie de ce peuple naturellement belliqueux, quoique avili par l'infortune et l'oppression des derniers âges.

Les lumières du siècle lui rendront familiers tous les principes de la politique et des institutions modernes, dont la seule théorie suffirait pour former de grands hommes.

La noblesse féodale est inconnue parmi les Grecs ; et l'ignorance superstitieuse de leurs prêtres, n'ayant jamais été, ou du moins n'étant plus armée du pouvoir, laisse à cette nation régénérée toute la vigueur et l'enthousiasme nécessaires pour accomplir les grandes actions qui ont immortalisé leurs ancêtres. La philosophie du cabinet Russe ajoutera encore à ces dispositions

La chute de Napoléon a écrasé l'Angleterre. L'Europe n'a plus besoin d'elle et nea craint pas. La révolution du Portugal (1) a dévoilé le secret de sa faiblesse : ses sujets, ses soldats ont été outragés, chassés de ce royaume. Ne pouvant se venger, elle a dissimulé son ressentiment.

Le gouvernement français est étroitement lié avec le cabinet de *Carlton-House* : mais la France. . . . . .
. . . .

Lord Wellington (2), dans son dernier voyage à Paris, a vainement proposé de former une confédération qui pût s'opposer aux projets de l'Autriche et de la Russie contre les Turcs. On n'a pu lui offrir que des vaisseaux et des subsides. . . . .
. . . .

L'Angleterre a donc aujourd'hui très-peu de ressources en Europe. La paix et la politique des Russes, de la Prusse et de l'Autriche vont bientôt tarir les sources de ses richesses. Le crédit public diminuera avec sa fortune, et les remboursements qu'elle sera obligée de faire aux étrangers. . . . .
. . . .

Ces évènements sont prévus sans doute par le cabinet britannique. Il a encore devant lui quelques années

---

(1) Écrit en septembre 1821.

(2) Je ne garantis pas la vérité de cette assertion, et ne l'annonce que comme une opinion que je crois fondée.

pour atténuer les effets de la chute de son système : il profitera, avec son adresse accoutumée, de toutes les chances qui se présenteront, afin d'éviter ces malheurs ; et, forcé d'abandonner l'Europe et l'Asie, il dirigera toutes les ressources de l'intrigue et de la politique sur les parties méridionales de l'Amérique, qui lui offrent tant de moyens de rétablir ses affaires.

C'est l'Angleterre qui, après avoir échoué dans ses expéditions militaires sur Buenos-Ayres et les provinces de Vénézuela, a propagé toutes les idées de liberté et d'indépendance qui fermentent aujourd'hui dans les têtes de quelques créoles dans presque toutes les parties de l'Amérique. Les journaux, les pamphlets, les manœuvres secrètes, les armes, les soldats, les munitions et l'argent sont prodigués pour concourir à ce but. Les troubles de l'Espagne, qu'ils protégent ou fomentent clandestinement, sont encore un des moyens qu'ils emploient. *Que l'Amérique soit libre ! Ils en seront bientôt les maîtres.*

Leur position au cap de Bonne-Espérance alimentera la chaîne de postes militaires qu'ils établiront, depuis le Rio-de-la-Plata jusqu'au Pérou.

La Jamaïque, les Barbades et la Trinité leur assureront la domination de la Côte-Ferme, du golfe du Mexique et de Panama jusques à Guayaquil.

L'île de Cuba elle-même finira par tomber entre leurs mains ; et quand leurs postes seront bien établis et approvisionnés, une proclamation, annonçant le blocus général de l'Amérique, mettra à leur disposition toutes les richesses de ces contrées.

Leur influence s'accroîtra avec le temps : l'habitude des affaires et les ressorts de leur politique lieront par des traités les différents gouvernements qu'ils auront contribué à établir : ils s'en déclareront les protecteurs, accoutumeront ces peuples à ne voir qu'eux, à ne recevoir que leurs marchandises ; perfectionneront l'exploitation des mines par tous les moyens que la supériorité des mécaniques modernes mettra à leur disposition ; formeront des établissements nouveaux sur des côtes désertes qu'ils se feront céder ; promulgueront des lois qui favorisent et encouragent la population dans les lieux qu'ils auront choisis, et finiront par dominer dans ces beaux pays, découverts et conquis par les armes de l'Espagne, arrosés du sang et des sueurs de ses peuples, et embellis par trois cents ans de travaux et de sacrifices. La langue espagnole elle-même sera bannie de ces contrées ; et les articulations barbares des Celtes, des Pictes et des Germains remplaceront chez les races futures cette langue harmonieuse et sonore qu'avaient parlée leurs ancêtres, et qui fut illustrée par le génie d'Ercilla, de Cervantes, de Solis et de tant de grands hommes.

Pour assurer leur conquête, les Anglais ne tarderont pas à faire usage et à construire, sur les lieux même, ces bâtiments à vapeur qui garderont les côtes et serviront à l'exécution rapide de tous leurs mouvements stratégiques, pendant que leurs escadres leur assureront, pour quelque temps encore, la domination de l'Océan, et détruiront les armements européens qui oseraient tenter de franchir ce passage.

Tels sont les maux et l'humiliation que préparent à l'Europe et à l'Espagne les projets et la politique du gouvernement anglais. Le génie, la fermeté d'un seul homme suffisent pour prévenir ces malheurs. *Le roi n'a qu'à vouloir*. Il en est temps encore; mais ce temps est bien précieux.

On doit s'attendre à recevoir dans peu une déclaration du ministère anglais, qui annonce au cabinet de Madrid que le conseil privé de S. M. B. a reconnu l'indépendance de telle ou telle province de l'Amérique, et qu'un traité de commerce et d'alliance offensive et défensive a été conclu, etc. (1).

C'est à l'activité de Cromwell que les Anglais doivent la possession de la Jamaïque. Le dessein du protecteur était de s'emparer du Mexique; et, depuis ce temps, le gouvernement britannique n'a cessé d'avoir les yeux sur cet empire, dont la conquête aurait déjà eu lieu sans les obstacles insurmontables qu'oppose à l'exécution de ce projet la topographie de ce pays dont les côtes sont inabordables. Ce qu'ils n'ont pu faire par la force, ils espèrent pouvoir l'exécuter par la ruse et la patience. Les circonstances semblent favoriser leurs projets.

Malgré la haine qui existe entre les Anglais et les États-Unis, surtout depuis la dernière guerre, ils se sont rapprochés et paraissent ne s'être réunis que pour accabler l'Espagne et partager ses dépouilles. Les Américains consentent à abandonner l'isthme de Panama à leurs rivaux; mais ils se sont reservé le Mexique. Si

(1) Écrit en septembre 1821.

ces plans réussissent, toute l'Amérique méridionale deviendrait la proie du Léopard britannique. Ce sont là les conventions secrètes que je suppose exister entre eux, et la base du traité conclu à Londres par M. Rush. Ainsi, des bords glacés de la baie Hudson jusqu'aux frimas du cap Horn, ce seront les accents de la langue anglaise que répéteront les échos du Nouveau-Monde.

Les Anglais ne sont pas étrangers aux troubles du Brésil et se flattent que les mêmes moyens auront les mêmes résultats. N'ont-ils pas, à force d'intrigues, subjugué l'Indostan, qui avait un million de soldats pour repousser leurs attaques?

Je terminerai cet exposé rapide de la situation des temps où nous sommes par quelques observations sur la marine anglaise, dans l'état où elle se trouve aujourd'hui, et sur les changements que l'heureuse invention des bâtiments à vapeur doit opérer dans le système du monde.

Trois choses constituent la force de cette marine.

La première, comme je l'ai déja dit, est la situation avantageuse et la beauté de ses ports qui permettent à ses escadres de manœuvrer dans tous les temps et de prendre l'offensive quand elles le jugent à propos, sans qu'il nous soit possible de les en empêcher. C'était pour diminuer ces grands avantages que les travaux de Cherbourg ont été entrepris et heureusement exécutés, et que, dans les derniers temps, les Français avaient concentré dans Anvers une masse imposante de forces navales : la position de Brest et celle de Rochefort étant vicieuses sous tous les rapports. La marine française a disparu avant de se montrer, et le port d'Anvers a été détruit. Le gouvernement des Pays-Bas est incapable de le rétablir, et, s'il le pouvait, il ne l'oserait pas. Les Anglais restent donc les maîtres de tous ces avantages, et aucune révolution probable ne saurait les en priver.

La seconde consiste dans le matériel de leur marine. Leurs ports sont remplis de vaisseaux, et les arsenaux d'approvisionnements immenses qui ont dépouillé les forêts et épuisé les ressources du Nord, dont les mâtures, les voiles, le chanvre sont indispensables pour entretenir leurs armements et les consommations de leurs escadres.

La troisième enfin et la plus précieuse est ce nombre prodigieux de marins expérimentés, formés par la guerre, et alimentés dans la paix par le commerce de l'univers. Le pavillon britannique couvre toutes les mers : du Gange à la mer Rouge et au Japon; depuis Archangel jusqu'aux Palus-Méotides; et depuis Halifax, en doublant le cap Horn, jusqu'au détroit de Béring. La position du cap de Bonne-Espérance assure toutes leurs communications.

Leurs postes sont inexpugnables. Gibraltar, Malte et Corfou dans la Méditerranée : Ceylan, Bombay, Calcutta, l'Ile de France, Pulo-Pinam en Asie ; les Bermudes, Halifax, les Barbades et la Jamaïque dans le Nouveau-Monde ; enfin, las Marquesas dans la mer du Sud, protégent toutes leurs entreprises. Jusqu'à ce jour leurs succès ont justifié leur audace, et ces succès ont partout désolé le genre humain opprimé par leurs armes, trompé par leur politique, et ruiné par leurs brigandages. Que l'Espagne consulte ses annales.

Comment réparer tant de désastres? Qu'opposer à tant de moyens accumulés depuis deux siècles par la victoire, les richesses et les talents? Ce ne peut être que par le courage, l'énergie et le secours des frégates à vapeur. L'ancien système de marine asservissait la terre aux maîtres de la mer : le nouveau assure l'empire de la mer aux maîtres de la terre.

Privez les Anglais de leur marine : tout est perdu pour eux, et le monde commence à respirer.

Il n'y a point d'escadre qui puisse s'exposer impunément à soutenir le feu d'une frégate à vapeur (1) tirant à boulets rouges et avec des raquettes incendiaires. Le matériel de cette marine gigantesque est donc inutile, puisqu'on n'osera plus en faire usage. A quoi serviront ces immenses approvisionnements, ces mâtures, ces agrès dont regorgent leurs arsenaux? On n'a plus besoin de ces objets dans les constructions nouvelles; et ces deux cent mille matelots, l'orgueil, la force de l'Angleterre et la terreur des nations, seront désormais condamnés à l'oisiveté, puisque des bataillons, des demi-bataillons remplaceront les marins à bord des escadres modernes. Et, pour former, pour avoir des bataillons, que faut-il? Il suffit de le vouloir. On trouve partout, et surtout en Espagne, du bois, du fer et des soldats. La grande difficulté consistait jadis

(1) Cette opinion a été postérieurement confirmée dans un article du *Constitutionnel*, du 4 septembre 1824. On le trouvera à la fin de cet écrit.

à se procurer des mâtures, des voiles, des cordages et des matelots.

Mais, dira-t-on, les Anglais emploieront les mêmes moyens et construiront aussi des frégates à vapeur : j'en conviens; je dis plus, ils y seront forcés. En perdront-ils moins toutes leurs avances, leur matériel, leurs approvisionnements, les avantages que leur donnait l'heureuse situation de leurs ports militaires, et la supériorité qu'avaient leurs hommes de mer dans tous les combats? Supériorité funeste! fruit de l'expérience, des travaux et des savantes combinaisons des hommes célèbres qui, depuis le règne d'Élisabeth, ont illustré la superbe Albion et l'ont fait parvenir à l'apogée de sa gloire et de sa prospérité.

Ce qui fait échouer les plus grands projets, c'est presque toujours le manque d'argent. Il en faudra moins qu'on ne pense pour les constructions nouvelles. Cadix, le Ferrol, Carthagène, les plages de l'Europe, la Havane, et surtout Guayaquil en Amérique, offrent des ressources immenses; et les forges de Biscaye, mises en activité par un homme intelligent, fourniront aisément toutes les machines nécessaires pour le jeu des pompes et le mouvement des roues qui font marcher ces vaisseaux.

Je joins deux gravures à cet écrit (1). La première représente un bâtiment à vapeur propre au commerce; la seconde une frégate, construite à New-York pour la défense de ce port. Cette frégate est le premier essai

(1) Ces gravures étaient jointes à l'original présenté au roi d'Espagne.

qu'on ait fait, et il a parfaitement répondu aux vues du gouvernement américain. Mais ce genre de construction a été perfectionné dans toutes ses parties : c'est en vain qu'on cherche à le cacher ; et malgré l'intérêt qu'ont les Anglais, d'accord peut-être sur ce point avec les Américains, à détourner l'attention des peuples de l'Europe, il est notoire que des bâtiments à vapeur ont déja traversé plusieurs fois l'Océan et parcourent aujourd'hui les mers des Antilles.

L'Espagne n'a qu'à vouloir ; je le répète : cette seule invention suffit pour lui rendre sa gloire, ses richesses et sa puissance. Elle ouvrira encore de nouvelles sources d'industrie à la nation, et la moins considérable sera l'exploitation des mines de charbon de terre. On sait combien les mines de charbon ont contribué à la fortune et à la prospérité de l'Angleterre.

Madrid, le 28 septembre 1821.

MORNING CHRONICLE.

25 septembre 1824.

Les observations suivantes sont faites aujourd'hui dans le *Cobbet's Register* au sujet des bateaux à vapeur.

« Nous avons ici deux changements de la plus haute « importance, qui sont, l'invention des bateaux à va- « peur et celle du papier-monnaie. Si Napoléon avait « été aidé par l'invention des bateaux à vapeur dans « le temps où il avait sa flottille à Boulogne, qui au- « rait voulu donner un morceau de pain et de fro- « mage pour un billet de dix livres sterling ? Il y a

« un bateau à vapeur qui navigue constamment sur la « rivière de Hudson et qui porte mille passagers. Les « Français peuvent construire cinquante bateaux ca- « pables de transporter cinquante mille hommes. Les « munitions, les canons, les chevaux, tout cela pour- « rait être transporté sur différents points de nos côtes « sans défense, dans l'espace de trente ou quarante « heures. Le temps qui chasse les vaisseaux de la mer, « ou les rend semblables à des troncs immobiles sur la « surface des ondes, et qui exerce cette influence sur « les vaisseaux de ligne comme sur les frégates, ne pro- « duit aucun effet sur les bâtiments à vapeur. Ces ba- « teaux, qui conduisent aujourd'hui des passagers d'An- « gleterre en France, prennent souvent, chacun, deux « ou trois cents personnes sans compter les chevaux et « les voitures. Ceci a rapproché les deux pays beaucoup « plus qu'ils ne l'étaient auparavant : et le malheur con- « siste en ce que l'avantage de ce changement est tout « d'un côté. Il n'y a pas à craindre que nous envahissions « la France, à moins que nous ne soyons suivis, pour « la conquérir, de sept cent mille Russes ou Germains. « Non, il n'est pas à craindre que nous envahissions la « France. Mais peut-on en dire autant des Français « par rapport à nous ? Si une flotte de bâtiments à va- « peur était ancrée à Boulogne ou au Hâvre, quand bien « même elle n'avancerait pas d'un pouce vers l'Angle- « terre ; quel serait son effet sur ce qu'on appelle crédit « public ? »

Le rédacteur du *Morning Chronicle* ajoute les ré- flexions suivantes.

« Ces observations, à tout évènement, méritent une « considération attentive. Nous éprouverions le plus « sincère plaisir si nous étions convaincus que nos ap-« préhensions sont sans fondement. Il est possible « qu'elles le soient; mais on n'a pas encore cherché à « nous satisfaire sur ce sujet. Nous savons que l'on « croit généralement sur le continent que la France « pourrait nous envahir sans difficulté. Il n'y a pas de « doute qu'une grande armée permanente pût nous « mettre en état d'affronter le danger. Mais que de-« viendrait l'Angleterre avec une armée toujours sur « pied ? »

A l'appui de mon opinion consignée dans ce Mémoire, et des craintes de M. Cobbet et du rédacteur du *Morning Chronicle*, je vais transcrire un paragraphe de l'article qu'on trouve dans le *Constitutionnel*, du 4 septembre dernier.

« Une grande frégate à vapeur, impénétrable aux « boulets, et armée de gros obusiers, ou bien un vais-« seau rasé, bardé de fer et transformé en frégate à « vapeur, armé de la même façon, suffirait, non pour « entrer dans tous les ports sans danger, mais pour « détruire en pleine mer, ou dans des rades imparfai-« tement défendues, toutes les flottes que peuvent ar-« mer les Musulmans. J'ai traité ce sujet dans diffé-« rents ouvrages, etc. (1). »

---

(1) Voyez *Annales maritimes et coloniales*, juin 1824. — *Notice sur les bâtiments de guerre à vapeur*, par M. de Mont-

COURRIER FRANÇAIS.

15 octobre 1824.

« Vendredi 8 de ce mois, M. Marestier, ingénieur « de la marine royale, a été admis à l'honneur de faire « hommage de son Mémoire *sur les bateaux à vapeur « des États-Unis*, à Monseigneur le Dauphin, amiral « de France, etc. »

---

gery. — *Revue encyclopédique*, juin 1824. — *Notice sur la navigation et la guerre sous-marines.*

www.ingramcontent.com/pod-product-compliance
Ingram Content Group UK Ltd.
Pitfield, Milton Keynes, MK11 3LW, UK
UKHW021031220726
13924UKWH00001B/242